ÉLOGE

DE

R.-J. POTHIER.

ÉLOGE

DE

R.-J. POTHIER.

PAR M. C.-G. D'ORLÉANS.

A ORLÉANS,

IMPRIMERIE DE JACOB AINÉ, LIBRAIRE,

RUE POTHIER, N° 11.

1823.

ÉLOGE

DE R.-J. POTHIER.

> C'est l'esprit, c'est la raison de tous les législateurs qui se fait entendre par sa voix, et qui prononce par sa bouche des oracles d'une éternelle vérité.
>
> Daguess. *Mercurial. de* 1704.

CE siècle à jamais mémorable dans les fastes français, qui pendant tout son cours contempla la monarchie portant au loin ses succès, ses limites et sa gloire, ce siècle d'illustration et de triomphes, que consacrent d'ineffaçables souvenirs, fixait l'admiration de l'Europe prosternée aux pieds de la France, lorsque Robert-Joseph POTHIER nâquit à Orléans, en 1699. Sans doute il lui était réservé de paraître sur la terre, et d'être choisi pour ajouter un fleuron à l'immortelle couronne qui ceignait l'auguste front du plus grand comme du plus puissant des monarques. Car Louis XIV, ce héros valeureux, aussi vaste dans ses conceptions que majestueux dans leur exécution; aussi vigilant, aussi noble protecteur que généreux et impartial rémunérateur de tous les talens, d'une main encore assurée tenait le sceptre du plus beau royaume de l'univers. Ce prince, don rare et privilégié que le ciel n'accorde aux nations qu'à de longs intervalles, avec dédain, alors comme aujourd'hui, contemplait les attaques de l'envie; et de tout le poids de sa grandeur il écrasait les obscurs et impuissans ennemis de sa gloire.

POTHIER, destiné à être une des plus éclatantes lumières du barreau français, sans doute presque dès son jeune âge sentit la créatrice influence de cet unanime enthousiasme pour la gloire, ou bien plutôt de cette puissante impulsion vers l'intérêt et l'illustration publique, qui alors électrisait et les cœurs et le génie français. Mortel heureux, dès tes jeunes ans, tu pus donc entrevoir et tu pus même admirer cet astre dominateur, qui, du haut de son trône, du feu de ses rayons semblait, comme par enchantement, féconder en France le germe de tous les talens. Comme ton cœur, neuf encore, mais déjà susceptible de robustes impressions, dut palpiter de plaisir et d'un respectueux saisissement, à l'aspect de cette aussi pompeuse qu'innombrable cohorte de profonds jurisconsultes, de célèbres littérateurs, de savans de tous genres, de braves et surtout fidèles militaires, enfin de tant d'illustres Français, qui groupés près de leur monarque, sur ses pas s'avançaient avec fierté vers les portes de l'immortalité s'ouvrant devant eux, et semblant les appeler et les attendre avec impatience!

Comment en effet POTHIER, dès sa jeunesse, n'eût-il pas apprécié toute la puissance de cet encouragement victorieux, qui, surtout alors et au commencement du règne de Louis le bien aimé, descendait à grands flots sur tous ceux qui, soit à la gloire, soit à l'instruction de la nation, consacraient et leurs jours et leurs veilles; il était français, et déjà ami de l'étude; et quel sujet plus que le français studieux sent tout le prix d'un favorable et protecteur regard obtenu de celui qui gouverne? Car toujours ne vit-on pas la juste ambition d'une si honorable récompense se confondre et s'associer surtout avec l'irrésistible passion pour l'étude? Noble passion, qui au Roi et à la patrie enchaîne le savant, parce que, plus qu'aucun autre, pour prix de ses travaux, il ne cherche, il n'attend que de glorieux jours et de longs souvenirs.

Aussi rectitude et clarté dans le jugement, sagesse ou sublimité dans la pensée, recherche assidue et approfondie de la vérité, inflexible persévérance dans le travail, luxe brillant de l'imagination, puissance de l'éloquence ou du style; tous ces nobles talens, aux yeux du mortel consacré à l'étude, sont-ils toujours un précieux dépôt que ne lui a confié le ciel que pour l'accroître et l'utiliser, mais moins pour lui que pour le corps social dont il est membre. En un mot, l'homme qu'envahit la passion de s'instruire, et d'être ainsi utile à la patrie, ne sait-il pas mieux qu'aucun autre qu'il a une dette sacrée à remplir? N'en mesure-t-il pas, n'en juge-t-il pas toute l'étendue? et toujours ne conçoit-il pas l'honorable ambition, que par lui elle soit fidèlement acquittée? Comme cette dette est une dette morale, et par conséquent vénérable et sublime, toujours veut-il aussi l'ennoblir encore par la vaste et généreuse manière dont il la remplit.

Pothier est à peine parvenu au printemps de ses jours, que, déjà s'élevant au-dessus de son âge, ces majestueuses pensées saisissent toutes les facultés de son ame. Peut-être même une sorte de sentiment inné dans tout homme que captive l'amour de la science, déjà lui dévoile-t-il une partie de ses destinées; et déjà peut-être ce sentiment offre-t-il pour ainsi dire POTHIER à lui-même, comme pouvant un jour être le régénérateur de la législation ? car bientôt par un irrésistible penchant il est entraîné vers l'étude des lois. En vain cette aride et épineuse carrière ne lui présente-t-elle que des routes difficiles, sa jeunesse n'en est point effrayée; elle ne recule ni devant les dégoûts, ni devant les obstacles qui s'accumulent sous ses pas; et POTHIER s'élance vers le but, que cependant pour lui rendent presque inaccessible sa naturelle modestie, et son habituelle défiance de lui-même.

Dès cet heureux moment se découvrent à lui l'obscurité et plus encore l'imperfection de l'ancienne législation. Déjà d'une novice et timide main il tente de soulever le voile qui l'enveloppe. Déjà POTHIER devant lui veut chasser les nombreux nuages qui dès long-temps obscurcissent les antiques lois des nations. Mais bientôt sa pensée s'effraye elle-même de sa témérité; la sagesse suspend, arrête sa précoce ardeur, et la sagacité de son esprit l'avertit que pour consommer une si difficile, une si importante réforme, son jugement trop jeune encore veut une plus entière, une plus puissante maturité, que lui promettent et que lui assureront un long travail et une constante application. C'est ainsi qu'il fut accordé au modeste POTHIER de découvrir peu-à-peu toute l'immensité des lumières et de la science que l'état réclame du jurisconsulte comme du magistrat, tous deux sur la terre arbitres des destinées de leurs semblables.

Mais en même temps qu'il cède au penchant dominateur qui l'entraîne vers une si difficile carrière, fidèle aux sûrs et sages principes qu'ont jetés dans son cœur la lecture habituelle des livres saints dont dès sa jeunesse il avait fait sa principale étude, ainsi qu'une religieuse éducation, POTHIER n'oubliera point que les talens ne sont réels, et surtout vraiment honorables, que lorsque la vertu et la religion les ennoblissent et les consacrent. Si peut-être, triomphant de sa modestie, sa destinée le conduit au faîte de la science législative, en créant dans son esprit une application et des efforts égaux à l'importance de ses futurs travaux ; si déjà il promet, pour la suite, au barreau la majestueuse réunion de toutes les qualités du vrai magistrat ; si déjà il se forge pour ainsi dire de redoutables, d'invincibles armes contre les si dangereuses attaques d'une captieuse et séduisante élocution, malheureusement trop fréquente au barreau ; son cœur se fait encore plus un devoir sacré d'être sensible à l'infortune, d'exercer la miséricorde par principe comme par humanité, de se revêtir d'éminentes vertus, et enfin de remplir toutes les hautes obligations que vis-à-vis de ses semblables contracte l'homme religieux et le vrai citoyen. Bientôt sa vie devient le brillant tableau, l'admirable réunion des qualités publiques et privées. Aussi c'est sous ce double aspect de grand jurisconsulte, de parfait et éclairé magistrat, et encore de savant modeste, de rare modèle de toutes les qualités qui constituent l'homme de bien, que je considérerai celui dont le nom seul, dans tous les âges, sera pour sa patrie un solennel titre d'un noble orgueil et d'une impérissable gloire.

PREMIÈRE PARTIE.

POTHIER touche à peine à son quatrième lustre, à cet âge où le plus souvent par la main du hasard, ou par la mobilité d'une errante et volage imagination, se trouvent réglées les futures destinées de l'homme. Mais combien à la jeunesse il communique d'énergie et d'ardeur, cet âge si puissant sur son sort, lorsque d'une main courageuse déchirant le voile des humaines illusions, ou se délivrant de l'importune surabondance des convenances sociales, le mortel appelé à remplir un honorable ou utile rôle sur la terre, prend un noble essor, lorsqu'il s'avance vers l'avenir, qu'avec fierté il l'interroge, et qu'il parvient à découvrir ce qu'il doit être un jour, et toute l'illustration de sa carrière! Comme alors s'aggrandit et se développe son esprit! Comme à pas de géant il se précipite dans le chemin de la gloire! Immortel POTHIER, oui, ta constante modestie en reçoit plus d'éclat à mes yeux ; tu les pénétras peut-être, je le répète, ces secrets cachés dans la nuit des temps! Pourquoi ne croirais-je pas qu'il te fut donné, pour notre intérêt et pour notre gloire, de deviner qu'à la patrie, à la France, et même à l'Europe, citoyen de tous les pays, tu légueras tes vastes lumières; que sur la terre tu es placé moins pour toi que pour les autres, moins pour recueillir les fruits de tes études que pour les offrir en utiles dons à l'univers? Pourquoi ne t'aurait-il pas été donné de savoir que, tel que ces astres lumineux, qui peu-à-peu chassent devant eux les épaisses ténèbres d'une longue nuit, tu es peut-être seul appelé à porter pour jamais une inamovible clarté trop long-temps attendue, trop long-temps désirée, dans les obscures et pénibles routes de la législation?

Son choix sur l'état qu'il doit embrasser, choix qui jusque-là, malgré le genre de ses études, était encore errant et incertain, est à cet instant irrévocablement fixé. Les redoutables portes du barreau sont les seules dont désormais il sollicite l'entrée. Déjà non-seulement il veut pénétrer dans le sanctuaire des lois; mais même il veut travailler, sans croire l'obtenir jamais, à y mériter la prééminence des talens. Comme elle est sublime cette ambition qui maîtrise et régit en despote le savant, quelle que soit l'étude à laquelle il est enchaîné? Combien cependant POTHIER hésite, malgré l'émulation qui l'enflamme! Combien son âge et sa modestie tourmentent encore ses volontés! Combien elles combattent ses projets! Car qui mieux que lui sait de quel indélébile mépris la toge couvre celui qui en est revêtu, lorsqu'elle n'est pas ennoblie par de hautes qualités, par d'imposantes et vastes lumières! Néanmoins plus sont nombreux et puissans les obstacles qu'il rencontre, plus sa persévérance dans le travail reçoit d'énergie. Aussi n'est-ce plus désormais qu'à son assiduité à l'étude, aux efforts réunis de son jugement et de sa raison, à la profondeur de ses méditations, qu'il devra les hautes connaissances que réclame le barreau; connaissances que lui avaient à peine signalées les maîtres qui, dans l'étude des lois, avaient été ses premiers guides, mais guides incertains et peu éclairés.

Comment alors les talens du jeune POTHIER, la solidité prématurée de son jugement, la pénétration de son esprit, et même ses futurs services, pourraient-ils échapper aux observateurs regards de sa patrie et de la magistrature? Une haute célébrité dès long-temps au premier rang plaçait la Cour d'Orléans, parce qu'à une inaltérable intégrité, à une constante sagesse dans ses arrêts, à la moralité reconnue de la majeure partie de ses magistrats, se joignaient une prépondérante supériorité de lumières, une connaissance approfondie, une scrupuleuse observance des lois, qualités qui, même dans les Cours supérieures, consacraient toutes ses décisions, et leur imprimaient le cachet sacré de l'infaillibilité.

POTHIER donc ne touche qu'à sa vingtième année, et déjà un unanime suffrage l'appelle à siéger au milieu de magistrats non moins respectables par leur âge que par leurs vertus, que par une longue expérience dans les affaires; magistrats dont il aimait encore à respecter et à recevoir les leçons, et qui, en se l'associant, se rendent eux-mêmes ses égaux. Jours glorieux de la France, vrai siècle de lumières, où le seul mérite, et non la brigue et la faveur, portait aux éminentes places, et où les talens achetés au poids de l'or eussent perdu leur plus grande illustration! qu'ils étaient vénérables ces magistrats, pleins de jours et de vertus, qui, de leurs longs services trop payés par la seule reconnaissance de leur Roi, aimaient à solliciter, comme une douce jouissance de leurs vieux ans, la cessation des pénibles fonctions que leur interdit leur âge, et à les obtenir pour une studieuse jeunesse, déjà placée à leur niveau par de précoces et brillantes qualités, par la sublime passion de la gloire et de l'intérêt public, et plus qu'eux capable alors de tenir d'une main vigoureuse la balance de la justice.

Aussi modeste qu'étonné de cette honorable et inattendue distinction, POTHIER peut-il ne pas dèslors s'en montrer de plus en plus digne, et ne pas consacrer sa reconnaissance par son zèle et par sa constante assiduité? Mais dans l'exercice difficile de ses fonctions, dans le scrupuleux accomplissement de ses devoirs, sa modestie plus que son inexpérience aime à se choisir des maîtres à suivre, ou de beaux exemples à imiter. Quel modèle à son vertueux et sensible cœur peut plaire davantage que son père, dont la mémoire était couverte d'une unanime et publique vénération; que son père, qui toute sa vie avait été une des plus majestueuses colonnes du tribunal dans lequel il est appelé à le remplacer! D'un regard douloureux il parcourt l'auguste enceinte, le théâtre où brillèrent trop peu les grands talens de l'auteur de ses jours. Plein de si beaux souvenirs, que peut-il solliciter de lui alors, sinon sa haute sagesse, son inébranlable équité, dont son humble jeunesse, plus que jamais, sent le prix, et qu'il ambitionne de voir pour toujours se reposer sur lui? Qu'ils sont sincères aussi ses regrets de ne pouvoir alors à ses études marier les lumineux avis et les paternels conseils!

Avec quel empressement sans doute il les eût réclamés, s'il eût pu l'entendre, de celui qui lui a ouvert la carrière de la vie ! Avec quelle ardeur, avec quelle reconnaissance pour son instruction comme pour celle de ses concitoyens il les eût recueillies de sa bouche.

Quoique de plus en plus l'immensité des solennelles obligations du magistrat se déroule devant POTHIER, bientôt il commence enfin à reposer sur elles un regard plus confiant et plus assuré. L'espoir intérieur de les remplir, et aussi la victorieuse puissance de l'émulation dans son esprit commencent à en applanir les difficultés. Ainsi que tout mortel passionné pour l'étude, il est vaincu par une secrète et intérieure justice, que se rend à lui-même l'homme à talent ; justice qui est identifiée à son être, et qui toujours le maintient bien au-dessus de ses travaux, et même des devoirs qu'il s'impose, quelqu'importans et quelque nombreux qu'ils soient. En effet, sans ce sentiment de la puissance de ses persévérans efforts et de la victorieuse énergie de son esprit, quel homme studieux ou de génie, flottant presque toujours dans une désolante et continuelle incertitude de succès, ne sentirait pas enfin s'éteindre la noble ardeur qui le consume, ou dans son cœur découragé se flétrir l'amour de la gloire, de cette gloire durable qui couronne la science.

Tel on voit l'aiglon, qui pour la première fois quittant son aire, tout-à-coup prend un vol hardi, affronte, défie l'impétuosité et le courroux des vents, et qui déployant ses ailes semble vouloir embrasser l'immensité des cieux ; ainsi POTHIER fatigue, épuise même toutes les facultés de son esprit par les persévérans efforts d'une opiniâtre application qui l'absorbe tout entier. Dans le silence du cabinet, tantôt il descend dans ces subtiles questions si multipliées et si souvent superflues de la controverse; il en parcourt péniblement tous les détours, il y porte la lumière d'une saine raison. A la lueur jamais incertaine de ce céleste flambeau, il les recherche, et souvent comme douce récompense d'une courageuse et longue application en trouve enfin la solution. Tantôt il se livre à la dissection, si j'ose parler ainsi, laborieuse et compliquée des Instituts rédigés sous Justinien, ouvrage que déshonore à la vérité un défaut d'ordre et de classification dans les matières, mais où se trouvent tous consignés et établis les imprescriptibles droits naturels et sociaux des hommes comme des nations; ouvrage d'autant plus admirable, que la jurisprudence surtout y repose sur l'exacte connaissance des lois divines et humaines, comme sur la science de ce qui est juste et injuste.

Si pour en sonder les profondeurs POTHIER consume ses jours et ses veilles, c'est que dans ce code, quoique trop diffus, il voit le premier régulateur du magistrat, l'inamovible fondement de la législation, et enfin comme le dépôt primitif et sacré de toutes les lois. Non-seulement il y puise de nombreux renseignemens sur les devoirs de l'homme envers lui et envers les autres; non-seulement il se pénètre des grands principes qui y sont rassemblés, mais il se les approprie; il les réunit en un faisceau de lumières à l'aide desquelles désormais il veut éclairer sa marche encore chancelante, et dont il essaiera même de multiplier, de perfectionner la clarté, pour, d'un pas plus sûr, s'avancer dans une si obscure et si difficile route.

Mais à quelque élévation que parvienne l'esprit humain, toujours dans son essor n'est-il pas maîtrisé, comprimé par une sorte d'esclavage dans lequel le retient sa fragile et mortelle prison? Dans son développement, dans sa vigueur, plus encore dans sa dégradation, ne semble-t-il pas être soumis à l'affligeant et mobile empire, à la passagère puissance de notre mortalité? C'est surtout souvent au printemps de la vie, à cet âge d'une bouillante et novice ardeur, que l'accablent et que l'épuisent plus promptement de trop sérieux et de trop assidus travaux. Aussi, forcé d'appeler alors à lui le repos, mais encore irréfléchi, encore imprévoyant, le jeune homme se précipite-t-il quelquefois dans les bras de frivoles plaisirs. Imprudent, il ne pense pas que ces rapides et vives jouissances laissent et le cœur et l'esprit dans un vide désolateur, et les fatiguent sans leur offrir en dédommagement aucune satisfaction réelle et durable.

Mais quoi, la laborieuse jeunesse de POTHIER, bien plus que toute autre, ne réclame-t-elle donc pas une suspension momentanée d'études si robustes, et par leur profondeur, par leur fatigante aridité, si supérieures à la naissante et active énergie de son esprit? Cependant toute heure dérobée au travail, à ses yeux comme à ceux de tout homme studieux, est un larcin fait à la société et à lui-même. Aussi pour quelques instans, s'il s'arrête dans sa course, sa pensée créera pour lui quelque moyen de s'instruire et de se distraire tout à-la-fois ; et juge habile et déjà exercé de l'inappréciable valeur du temps, bientôt la variété dans ses occupations aura sur POTHIER un pouvoir plus régénérateur qu'une frivole inaction.

Alors, entrant dans la société de ces grands génies, lumières toujours vivantes, qui aux premiers âges de l'Eglise, brillèrent d'un si vif éclat, ou dans celle de ces moralistes solitaires, qui avaient fait l'ornement du siècle qui expirait, on le voit avec complaisance promener son attention et son jugement sur leurs doctes et religieux ouvrages. S'il en suit pas à pas toute la logique et la savante précision, s'il compare de sang-froid, s'il rapproche leurs doctrines, c'est pour en saisir la parfaite concordance, c'est pour en admirer la persuasive uniformité, parce que les jugeant reposer sur l'éternelle vérité, il aime à les trouver pures, inébranlables, et unes comme elle. C'est enfin dans ces savans écrits qu'il puise cette fermeté inaltérable de croyance, dont toute sa vie il se fit gloire; croyance auguste et solennelle, qui seule rattache l'homme au créateur, et qui, à tous les instans, de la terre le transporte jusqu'au sanctuaire de l'Éternel. Tel est en partie le noble emploi du temps, qu'il est forcé de soustraire à ses travaux accoutumés.

Cherche-t-il, désire-t-il des délassemens plus variés et plus superficiels, les études de son enfance deviennent alors les plaisirs de sa jeunesse. Il n'ignore pas qu'il n'est pas au pouvoir de l'homme d'arrêter le temps dans son impétueuse course, mais il sait aussi que toujours il peut, il doit le dominer, et même en être le vainqueur. Met-il à contribution les poètes où de Rome ou de la Grèce; tantôt il ne dédaigne pas de sourire aux faciles accords d'un luth touchant et harmonieux; tantôt il admire les nobles sons de l'héroïque trompette, qu'embouche un poète majestueux dans ses conceptions. Avec les Muses et par elles, POTHIER aime à ressusciter toutes les puissances de son esprit; et c'est ainsi qu'il répare son épuisement moral et momentané. Ici, conduit par le chantre de Mantoue, il se plaît à voyager sur les mers avec le pieux Enée; ou bien il donne de touchantes larmes au malheureux Orphée, privé pour jamais de son Eurydice. Là, dans le palais de son protecteur, ou sur les rians côteaux de Lucrétile, il suit l'aimable poète, ami de Mécène. Mais en applaudissant aux sons si variés de sa lyre, avec douleur il voit en lui tour-à-tour un fade courtisan, un grave philosophe, et un chantre licencieux du plaisir. Mais combien plus fortement encore l'attache, le séduit par des charmes toujours nouveaux, la lecture de ces immortels plaidoyers, qui, après avoir étonné le Sénat romain ou l'Aréopage d'Athènes, ont traversé les âges; grands par l'unanime suffrage de tous les siècles, presque inimitables pour la justesse, pour l'élévation des pensées, pour la force du raisonnement, et pour le coloris du style. POTHIER en saisit toutes les beautés, toute la marche savante; il les juge, et avec enthousiasme il les proclame modèles sublimes de l'éloquence du barreau; et ses seuls travaux ont assez d'empire sur lui pour l'arracher à cette attachante lecture.

Combien alors s'accroissent rapidement les hautes espérances que donne ce magistrat! qu'on aime

par les attraits de la littérature, à voir sa jeunesse
balancer, et tempérer ainsi, mais avec prudence et
réserve, l'aspérité de l'étude des lois ! quoi de plus
juste en effet, qu'à son trop prolongé séjour dans le
sec et aride champ de la jurisprudence, il fasse succéder par fois une passagère et rapide course dans ces
parterres nuancés de fleurs, que créent et cultivent
les lettres ? Trouve-t-il du plaisir à admirer celles que
d'un éclat vif et séduisant a embellies une brillante et
légère imagination ? Il apprécie mieux encore celles
plus riches, plus majestueuses, qu'un opulent génie a
parées des plus étonnantes et des plus rares couleurs.
Mais, semblable à l'abeille, s'il voltige sur leurs calices,
il ne s'y repose que quelques instans, et seulement
pour réparer l'épuisement de son esprit, et pour, avec
plus d'ardeur, reprendre les nobles travaux qui l'at-
tachent invariablement.

Déjà, à l'ombre d'une naissante réputation qu'il
ignore, le modeste POTHIER s'avance rapidement vers
une plus majestueuse encore. Déjà sont arrêtés sur lui
tous les honorables regards de la vieille magistrature.
Déjà le barreau d'Orléans, infaillible juge des talens,
parce qu'il est opulent en ce genre, le voit comme jurisconsulte et comme magistrat, par ses vastes connaissances, s'élever bientôt à la hauteur des Dumoulins, des Harlay et des Séguier. Car POTHIER touchait
à ce décisif instant où l'esprit humain prend une
invariable fixité, se revêt de toute sa grandeur,
où, par un vol hardi, l'homme studieux s'élance
dans ces supérieures régions, interdites au commun des mortels, et vers lesquelles à cet âge d'exal-

tation plus qu'à tout autre, il ambitionne de parvenir, et où il brule de mériter, d'obtenir une honorable place.

Rechercher la société et la conversation des hommes instruits et des profonds jurisconsultes, s'occuper à classer ses idées, à les bien concevoir surtout, pour les émettre avec précision et clarté, travailler à rassembler les épars et précieux débris de la loi des douze tables, rédigée par les Décemvirs, en l'an 304 de Rome, et souvent obscure par son peu d'étendue ; dans l'ancienne législation de la Grèce, chercher les élémens de cette loi, séparer et distinguer du texte les successives modifications qu'elle a subies du temps des préteurs ou par les constitutions des empereurs ; enfin, pas à pas, suivre ses progressifs développemens, telles deviennent alors les assidues et pénibles occupations de POTHIER. Il ne se permet plus de les suspendre ; et toute diversion désormais lui est interdite.

Cependant que veut-il, que désire-t-il surtout que l'accroissement de ses lumières, et que le complément de sa propre instruction ? Car malgré sa persévérante application, sa modestie la lui présente toujours imparfaite, et bien au-dessous de celle que commandent ses importantes fonctions. Dès lors, recherches plus exactes, examen plus suivi, rapprochemens entre les diverses lois ; rien ne lui échappe, et dans le calme silencieux du cabinet, l'attendent encore de plus hautes, de plus profondes méditations. Jaloux non seulement de remonter à l'origine de la législation, et de la prendre à son berceau, il la suit d'âge en âge, et à toutes les époques ; et ainsi, si j'ose le dire, il épie l'instant de la naissance du droit civil, écrit et non écrit. Il brûle de connaître les divers élémens qui ont concouru à sa formation, tant ceux qui, puisés dans les lois de Rome et de la Grèce, dès les premiers temps, ont constitué son essence, que ceux plus nouveaux, qui ne sont qu'une successive émanation des nombreuses interprétations que pendant le cours des siècles ont éprouvées ces antiques lois.

Mais ne nous tarde-t-il pas de contempler POTHIER poursuivant ses brillantes destinées, et comme tout homme de génie ou tout vrai savant, entraîné enfin par cette irrésistible impulsion, qui lui commande d'associer les autres à ses utiles travaux, et aux connaissances qu'il a su acquérir ? Le ciel, qui lui a si abondamment dispensé les dons de l'esprit, ne lui défend-il pas d'en être avare ? Plus il a déployé de prodigalité envers lui, plus aussi lui prescrit-il la générosité envers ses semblables. A peine donc ce jeune magistrat est-il soumis à toute l'active énergie du sentiment intérieur qu'il conçoit sur les services qu'il est appelé à rendre à la France, que sur sa patrie se reportent ses premières et ses plus fortes affections. C'est à elle qu'il veut consacrer les prémices de ses talens, parce que c'est de sa bienfaisante main que se sont échappées les fécondes semences de la science qu'a reçues et développées son esprit. Ce dessein, fruit de la reconnaissance, est aussi une des plus douces émanations de son cœur.

Cité dans les Annales françaises, si célèbre par d'antiques et glorieux souvenirs, heureuse Patrie de l'immortel POTHIER, que ton cœur maternel dut tressaillir de joie! qu'il dut concevoir un juste orgueil, quand à peine parvenu à son septième lustre, en solennel tribut, POTHIER te présente le premier essai, disons mieux, le premier chef-d'œuvre sorti de ses mains! Qu'il dut te paraître grand, ce jeune magistrat, quand revêtu de la toge, il entre avec modestie dans le sanctuaire de la justice, et quand aux pieds des vénérables membres de sa compagnie il dépose l'ouvrage aussi étonnant que lumineux de la Coutume d'Orléans; ouvrage que jusque-là il avait soustrait à l'empressement mérité du public! Qu'il est beau de voir sa jeunesse, à son devoir, à l'inquiétude qu'il conçoit sur son succès, immoler pour ainsi dire la paternelle tendresse qui surtout accompagne un premier ouvrage, solliciter les observations et les conseils de magistrats blanchis dans le barreau, manifester tout le prix qu'il y attache, avec impatience et soumission attendre leur opinion et leur impartial jugement, et requérir, pour y faire droit, l'irrévocable arrêt de leur science et de la sagesse! Mais aussi combien POTHIER est-il heureux, en pensant que conduit par l'intérêt public il a pu, quoique d'une main timide, soulever le voile qui s'étendait sur une partie de la Coutume de son pays, peut-être pour toujours fixer des droits douteux et obscurs, par ses interprétations concilier des intérêts divisés ou indécis, de principes factices ou locaux extraire de justes conséquences, prouver clairement leur vérité, surtout à son secours appeler la naturelle et primitive justice, supérieure à toutes les lois, la prendre pour son plus sûr guide, et enfin parmi ses concitoyens, par un lumineux travail, calmer des inquiétudes et des divisions; que souvent dans le sein des familles engendrait ou perpétuait une jurisprudence ténébreuse ou mal comprise.

Représentons-nous le sénat d'Orléans, sénat auguste et si imposant par sa haute réputation de sagesse et de science, reposant alors avec complaisance son admiration sur POTHIER si jeune encore, sur ce fils adoptif qu'il a pour ainsi dire élevé dans son sein, et qui déjà par cet ouvrage se place, sinon au-dessus, au moins au niveau de ses maîtres en législation. En effet, dans cette première production du fécond talent de POTHIER, sait-on ce qui étonne le plus, ou du discernement avec lequel signalant les différences qui caractérisent les diverses Coutumes, il démontre cependant clairement la connexité existante entr'elles et le droit romain, ou du rare talent qu'il déploie, en exposant toute la dissonance de leurs principes, et en motivant et discutant son opinion sur ceux d'entr'eux qui, forts de sagesse et de vérité, lui semblent mériter la préférence? Ici, après avoir séparé, classé les ordonnances et les coutumes, par des notes savantes, n'applanit-il pas ensuite, autant qu'il est possible, les réelles ou apparentes contrariétés dont est hérissée en particulier chacune des Coutumes? Là, par des introductions claires et méthodiques, ne cherche-t-il pas, ne parvient-il pas à marier, à amalgamer leurs oppositions quelquefois si frappantes; et surtout avec un art admirable ne rapproche-t-il pas la Coutume d'Orléans de celle de Paris, avec laquelle il découvre beaucoup de points de contact, et où il rencontre une fréquente analogie avec celle de sa patrie?

Sous sa savante plume, chaque titre, chaque article ne se transforme-t-il pas en un traité presque complet, en un résumé abrégé, qui plaçant et resserrant l'esprit dans un cercle étroit, y porte ainsi une plus vive, une plus pénétrante lumière, qui lie ensemble toutes les idées, et qui par degrés conduit des principes aux conséquences ? Enfin de tout l'ouvrage ne crée-t-il pas un corps de doctrine renfermant tout ce qu'il importe de savoir, et dont l'intelligence, par une exposition toujours claire, toujours juste devient plus facile ?

Comme d'un vaste regard, dans son immensité, déjà il embrasse l'utilité publique ; comme elle devient le mobile de ses plus hautes pensées et l'unique but de ses études. Déjà en lui se manifeste aussi l'ardent désir de refondre en une seule, toutes les Coutumes de France. Son courage en conçoit le futur espoir, et il se berce par avance du si noble plaisir d'amener cette importante partie de la législation à une perfection, à une uniformité qui seule à la loi confère une force réelle et une éternelle stabilité. N'était-ce pas avec raison que ce grand homme se persuadait qu'en une seule et même jurisprudence réunissant celle de toutes les provinces, il enchaînerait par là la cupidité, il anéantirait ses assidues spoliations, et qu'il enlèverait le timide et faible citoyen à la crainte fondée d'être souvent et injustement dépouillé par les lacunes et par les fausses interprétations données à une Coutume locale, qu'il voit à chaque instant entre les citoyens enfanter et nourrir de funestes divisions.

Plus POTHIER s'avance dans la double carrière qu'il est appelé à parcourir, plus son esprit fait effort pour se montrer supérieur aux difficultés qu'il lui faut franchir. S'il paraît au barreau où l'appellent ses fonctions, alors une prompte et vive pénétration, attribut surtout de la jeunesse, semble céder en lui à la maturité d'un âge plus avancé. Son zèle pour le bien public n'y est balancé que par son assiduité, par son inébranlable intégrité, et par la haine prononcée qu'il voue à l'iniquité. Dans les affaires criminelles, toujours avec froideur et sagesse il pèse toutes les circonstances, il distingue facilement les probabilités des certitudes ; et après son entière conviction, son inébranlable fermeté appuyée sur la sagesse de son jugement, ne craint pas de solliciter toute la rigueur de la peine réservée au crime. Enfin s'il se dépouille de toute la faiblesse de l'homme, n'est-ce pas pour se revêtir alors de l'austère impassibilité du magistrat ?

Est-il choisi rapporteur dans une affaire, son activité pour la terminer ne connaît point de repos ; elle repousse tout inutile délai. Avec quel discernement le voit-on écarter ces surabondans et fastidieux détails, qui quelquefois du vrai but éloignent adroitement l'attention du juge, et qui par d'insidieuses distractions peuvent mettre en défaut sa sagesse. Si, brillant de méthode et de précision, son rapport dépouille la cause de tout ce qui lui est étranger, s'il la montre au barreau, si j'ose m'exprimer ainsi, dans toute sa nudité, comme avec une admirable clarté il résume les moyens présentés pour la défense, sans omettre même les plus faibles indices ? Comme il met à néant ceux qui, par leur astuce, pourraient surprendre, faire chanceler le juge, et susciter une dangereuse fluctuation favorable au coupable ? Puis armé de la puissance de son talent, comme avec chaleur il déploye toute la force des preuves ; comme il en fait jaillir une vive et pénétrante lumière ; et ainsi, par l'effort de son élocution autant que par la solidité de ses conclusions, dans l'esprit du tribunal se forme une pleine et rassurante conviction, qu'y crée un précis aussi rapide qu'étonnant par sa clarté.

Si momentanément il remplit les difficiles fonctions de la présidence, sur son jeune front repose alors la gravité de la vieillesse, et sur ses lèvres sont assises la prudence et la sagesse. La pénétration de son esprit est tellement active, que presque toujours son opinion est fixée au commencement de l'affaire, parce qu'il a prévu et pesé, avec calme, la valeur de tous les moyens qui peuvent être présentés pour la défense. La prolixité des plaidoyers auprès de lui n'est qu'une fastidieuse et inutile surabondance, et qui reste sans succès. En effet, sur un jugement aussi droit, aussi sain que celui de Pothier, que peuvent ce funeste néologisme, cette aberration d'esprit, trop commune parmi les défenseurs, écarts déplorables d'une mobile imagination, ou preuves irrécusables de la faiblesse ou de l'impuissance des moyens employés. Aussi le plus souvent lui semblent-ils n'avoir d'autre but que d'apporter un inutile retard dans le prononcé d'un jugement que lui a invariablement dicté sa conscience, et qui de plus est confirmé par la rectitude de son esprit.

Sans doute elle est loin de moi, la coupable pensée de vouloir atténuer la juste renommée de POTHIER. Son siècle, la France, l'Europe entière ne l'ont-ils pas consacrée ; et les générations les plus reculées pourraient-elles ne pas vénérer, ne pas affermir même le monument d'immortalité qui lui est décerné ? mais j'oserai le dire, si, comme magistrat, POTHIER dans sa patrie eut une juste célébrité, si dans son siècle il fut l'honneur du barreau, s'il y mérita une considération et une prépondérance prématurée, combien sont plus augustes encore et plus impérissables ses titres à la nationale reconnaissance, comme jurisconsulte ou plutôt comme législateur, si dans son honorable carrière on le suit, on l'observe plus attentivement encore.

Car là se déploie toute la sublimité de sa science, là, dans toute leur splendeur, se montrent la haute pénétration de son jugement et la grandeur de ses vues. Là, d'un vol fier et majestueux, il s'élève au-dessus de la commune sphère ; là il paraît non-seulement le plus grand jurisconsulte de la France, mais le régulateur absolu, l'oracle vénéré de toutes les nations, et instruisant une longue suite de siècles. En effet, quel nouveau jour, quels féconds rayons de lumière sur toutes les parties de la législation et pour tous les peuples civilisés ne réfléchit pas son étonnante, son immortelle rédaction des Pandectes, qui fut son second et son plus remarquable ouvrage ! Vous tous, qui aspirez à être admis dans le sanctuaire de la justice, et qui brûlez de vous élever à la hauteur de vos augustes fonctions, sous quelque domination que vous viviez, quelque contrée de l'Europe que vous habitiez, vous aussi qui déjà avez blanchi dans les emplois de la magistrature, quel est celui de vous, qui ne reconnaît pas POTHIER comme son guide, comme le maître par excellence, comme le fil conducteur dans le labyrinthe des lois, comme enfin une inextinguible, une invariable lumière avec laquelle vous êtes assurés de ne jamais vous égarer? dites enfin si ce savant, si cet étonnant ouvrage n'est pas comme un majestueux sanctuaire, duquel, toute brillante de clarté et forte d'immuables principes, s'échappe la législation?

Quel pinceau sera donc assez hardi, assez vigoureux, pour retracer dignement la plus mémorable époque de la vie de ce grand homme? Qui nous le montrera cédant avec peine à de pressantes et illustres sollicitations, luttant contre les plus nobles encouragemens, s'absorbant presque malgré lui dans une étude encore plus approfondie du Digeste, et consentant enfin à réaliser, à développer pour la publique utilité un immense travail, dont sa jeunesse il est vrai avait conçu le plan, mais qu'elle avait resserré et borné à sa seule et personnelle instruction? Qui dira le nombre des difficultés qui entravent ses études, et souvent l'infructueuse et décourageante inutilité des recherches auxquelles depuis lors il ne craint pas de sacrifier tous ses instans? De quelle patience en effet, de quelles hautes connaissances ne faut-il pas être doué, pour dans tout l'univers découvrir et rassembler tous les matériaux propres à un si vaste édifice, matériaux épars et comme ensevelis avec tous les peuples de l'antiquité! quel discernement, quelle sagacité exigent ensuite leur rapprochement et leur parfaite union? quelle pénétration enfin est nécessaire pour dans des élémens si confus en apparence si hétérogènes, apercevoir des rapports certains, une connexité depuis long-temps méconnue, et que POTHIER seul juge facile à rétablir?

Ne semble-t-il pas le voir, reculant d'abord jusqu'à l'enfance de l'univers, saisi d'admiration, se prosternant devant le premier législateur, devant cet incomparable mortel, qui, dans ses hautes méditations, sut juger la protectrice nécessité de règles générales, sûres et innamovibles, comme le seul durable lien entre les hommes réunis en société, ce mortel qui fut assez puissant en autorité, assez dominateur de la publique opinion, pour en persuader l'acceptation à des hommes jusque-là sans frein moral ni civil? De quelle vénération POTHIER dut-il être pénétré, pour ce génie si grand dans ses conceptions, enchaînant ainsi et le vice et les passions, osant porter et maintenir de sévères peines, vengeresses et des infractions commises contre ses lois et des délits publics; ayant ensuite assez d'influence pour entraîner insensiblement les hommes à une passive obéissance, pour leur en faire accepter le joug, et fondant ainsi de loin et jusqu'à la fin des siècles, la civilisation de l'univers?

Bientôt, dans le plan, dans la rédaction ou plutôt dans la correction à laquelle il soumet les Instituts de Justinien, se décèle dans son étendue la science de POTHIER. Plus sont assidus ses travaux, plus devient ardente cette noble et sublime passion qui tient incessamment l'avantage public en présence de l'homme studieux et savant. Bientôt pour la future et perpétuelle instruction du magistrat, d'un pas ferme et hardi, il s'avance jusque dans les plus cachées, les plus obscures routes de la législation; et à travers tant de difficultés applanies, tant de contrariétés mises à néant, tant de doutes dissipés, pour toujours fuit l'inquiétude conçue d'abord sur le succès des immortels travaux de POTHIER, inquiétude que sa modestie s'était plu à nourrir et à fortifier dans l'opinion publique. Enfin réparer les erreurs, les omissions, l'ignorance des anciens jurisconsultes, qui tant de fois et si long-temps compromirent la sûreté et les droits des générations, par leur obscurité, telle est alors sa noble et unique ambition. Le tenter est le sublime effort de son talent; concevoir la certitude du succès, telle est la puissante exaltation de son jugement et de sa courageuse persévérance.

Ne semble-t-il pas l'entendre interroger alors toutes les législations connues de l'univers, en remontant d'abord jusqu'à la loi primitive, loi éternelle, loi indélébile donnée à l'homme par le Très-Haut, loi qui a pour base l'exacte connaissance de ce qui est juste et injuste? S'élance-t-il ensuite à Rome et à Sparte; parcourt-il, d'un œil scrutateur, les décrets, les archives du Sénat romain ou de l'Aréopage d'Athènes? ne rassemble-t-il pas alors sur lui la lumière qui jaillit des importantes discussions, des suprêmes décisions de ces fameux et si sages républicains, illustres fondateurs de la législation écrite parmi les hommes? Armé du flambeau d'un prudent discernement, ne descend-il pas dans les plus inaccessibles profondeurs de ces antiques lois, de ce digeste, qu'a encore défiguré l'ignorance en traversant les âges, et dans lequel, tantôt par l'obscurité d'une inintelligible et trop concise rédaction ou bien par une fatigante et inutile redondance est voilée la vérité des principes, ou la vraie signification des mots. Il met enfin en évidence les confus et imparfaits élémens des lois actuellement vivantes, informes élémens, et qui seuls néanmoins constituaient alors le complément de l'ancienne législation.

Vous fûtes même appelés à son conseil, vous, Proculus, Lubéon, Ulpien, Aquila, vous tous enfin, célèbres jurisconsultes des anciens âges et des siècles précédens. POTHIER se place au milieu de vous; il vous interroge; il saisit moins le sens de ce que vous dites, que de ce que vous voulez dire. Résumant, refondant ensemble vos pensées, vos avis, il s'étudie à y trouver une concordance méconnue, que déjà il a vue possible; et bientôt naît pour lui le consolant espoir de rapprocher toutes ces opinions ou obscures ou crues discordantes au premier aspect, et même d'en former un tout régulier dans son ensemble.

Cependant trop souvent la modestie de POTHIER lutte contre son ardeur et ses efforts. D'un côté s'il poursuit ses recherches, de l'autre le succès lui semble reculer devant lui. Les obstacles autour de lui renaissent et s'accumulent; où il croit découvrir et trouver un principe, à son jugement ne s'offre plus qu'une mobile conjecture, ou une désolante hypothèse. Les ténèbres s'épaississent; et elles semblent se replacer entre lui et la lumière qui jaillissant sur ses travaux commençait à triompher des ombres de la nuit. A quel parti s'arrêtera le modeste POTHIER, flottant entre son insuffisance de talens par lui seul présumée, et la solennelle promesse qu'il a pour ainsi dire contractée envers la France, de terminer cet important ouvrage ?

C'est alors que dans ce savant se manifeste ce caractère distinctif du vrai talent; caractère, que méconnaît la médiocrité, et qui consiste à ne jamais, avec la dent cruelle de l'envie, déchirer celui des autres. S'il devient leur noble rival, il se respecte trop pour jamais s'avilir jusqu'au déshonorant rôle de détracteur. S'il cherche à s'approprier leur science, à s'environner de leurs lumières, à dérober une étincelle de ce feu sacré et créateur, qui enflamma leur génie, ne leur fait-il pas toujours et hautement l'hommage des secours qu'il puise dans leurs ouvrages, et dans leurs vastes conceptions, qui deviennent le fécond et heureux germe des siennes.

Tu n'ignores pas, modeste POTHIER, que dans les Pandectes avant toi d'autres savans ont reconnu, mais infructueusement, et qu'ils ont publié, mais d'une manière vague, les incorrections, les omissions que tu entreprends de réparer. Tu t'avances alors plein d'espérance en ces étrangers mais utiles secours, vers ces siècles où les études se régénérant enfin, et rentrant dans leurs droits quelque temps méconnus ou méprisés, retrempèrent, vivifièrent de nouveau le génie humain et l'arrachèrent à cette longue et déshonorante inertie, à ce sommeil de mort dans lequel il était plongé.

La langue latine dès lors devenue plus familière et plus cultivée, et aussi l'étude commencée de l'histoire avaient en effet contribué à déceler les nombreux défauts de la ténébreuse compilation de Tribonien;

comme aussi l'inexactitude de quelques autres anciens rédacteurs des Pandectes avait été signalée par un petit nombre de jurisconsultes. Mais si le travail des uns avait été frappé de nullité, et s'il était resté sans succès, les autres n'avaient qu'à demi soulevé le voile; et un faible et naissant crépuscule depuis long-temps laissait dans l'attente d'une plus pénétrante lumière. Quelques parties de ce code sous leur plume étaient à la vérité devenues plus intelligibles et elles offraient quelques redressemens. Mais cette entreprise était encore très imparfaite, car nulle main assez hardie, ni assez vigoureuse n'avait encore sur une inébranlable base pu relever le majestueux et public édifice de la législation; aussi toujours était-il dans toutes ses parties incohérent et irrégulier.

Mais il n'existe nul homme livré à l'étude, qui ne soit régi par une secrète et comme naturelle impulsion, par un intérieur discernement, qui jamais ne le trompent, et qui toujours le rapprochent surtout des savans dont le goût ou les talens ont plus d'analogie et de conformité avec les siens. Aussi parmi cette foule de jurisconsultes qui tous ont discuté et plus ou moins mûrement approfondi les lois, POTHIER a-t-il déjà fait son choix. Aussi ne tarde-t-il pas à distinguer ceux que leur siècle et plus encore son sage discernement lui montrent à juste titre placés au premier rang de célébrité, et dont il peut associer les méditations à ses études et à ses opinions.

Docte et immortel Cujas, toi l'honneur de ton siècle, toi dont à jamais les profondes connaissances et le nom bravent l'oubli et le destructeur pouvoir du temps ; toi aussi savant Godefroi, si connu surtout par tes commentaires, par tes nombreux ouvrages sur les diverses parties de la législation; tous deux dans ces momens de découragement où tombe POTHIER, vous fûtes ses principaux soutiens et ses fidèles guides.

Appelé à marcher de front avec vous dans le chemin de la science législative, et peut-être à vous y surpasser, POTHIER dans vos écrits puise une récente ardeur. A son jugement se découvre toute l'étendue du vôtre, et il ne rougit pas de s'unir étroitement à vous par ses travaux. Vos opinions pour lui ont plus que la vérité des oracles. La pénétration de son esprit en embrasse toute la rectitude et toute la sagesse. Par vos lumineuses explications du texte de Tribonien, et des imparfaits ouvrages de Papinien, il aime à nourrir ses pensées et à donner à sa raison un plus grand essor. Tels que ces globes étincelans, qui aux astres qui les entourent prodiguent la surabondance et l'éclat de leurs feux, vous le ranimez, vous le vivifiez vous le pénétrez de lumière. Déjà à votre hauteur il s'élève ; déjà il se montre aussi grand, aussi majestueux que vous. La France, l'Europe sont dans l'attente; un nouveau jour se lève sur elles ; et bientôt consommant glorieusement l'exécution du plan que vous semblez lui indiquer, POTHIER entendra ses décisions recueillies dans un ouvrage devenu le code général des nations, pour jamais au barreau être consacrées à l'égal des vôtres ; et elles y seront investies de l'autorité et de l'immutabilité des plus sages et des plus solennelles lois.

C'est peu alors pour cet infatigable jurisconsulte

d'extraire les principes de la loi naturelle, de rechercher, de trouver, de rassembler les fragmens crus perdus de la loi des douze tables; c'est peu pour lui de parcourir les anciens traités, de mettre en évidence tout l'accroissement que le droit reçut des sénatus-consultes, accroissement à qui en partie il dut son obscurité; il s'applique encore à retrancher ce qu'il juge moins essentiel et surabondant : il étudie de plus et il observe ces divers changemens opérés à tous les âges dans les constitutions et les mœurs des états, changemens instructifs et puissans, qu'avec raison il croit sur le droit ancien avoir eu une prépondérante et décisive influence. Ici en respectant le plus souvent l'arrangement des titres, il rétablit cependant l'ordre négligé dans certaines parties des Pandectes; il les encadre entr'elles avec le plus grand talent, il les passe toutes en revue, il les étudie, il leur donne une nouvelle physionomie pour ainsi dire, et nulle n'échappe à son scrupuleux examen. Là, s'il est contraint de transplanter des paragraphes, qui entr'eux ne lui présentent qu'une foible ou aucune similitude, ne le voit-on pas ensuite avec un admirable discernement les rapprocher les uns des autres, marier et unir les dispositions, qui ont quelque confraternité et les classer comme par rangs et par familles, dans l'ordre naturel qu'indiquent les sujets et la raison; et par là ne simplifie-t-il pas, ne facilite-t-il pas les recherches, qui étaient çà et là disséminées dans cet antique et obscur code de législation?

Tantôt, en tirant du sein de l'oubli d'importantes lois méconnues même de Justinien et depuis lui ensevelies dans la poussière des siècles, il fait ainsi toucher du doigt les erreurs multipliées et les lacunes qu'offre la législation, en même temps qu'il ressuscite et que dans un plus grand jour il fait ressortir la vérité, qu'on ne retrouvait qu'avec peine dans les inexplicables écrits des anciens âges. Tantôt, par des routes sures ouvertes dans ce chaos, l'incertitude de la marche pour toujours, par les soins de POTHIER, s'évanouit. A l'antique désordre, au long déplacement de plusieurs passages importans succèdent une méthode régulière, des transitions habilement amenées, et de sa plume découlent de lumineuses interprétations toujours aussi simples que justes. Se trouve-t-il quelque partie confuse, ou qui semble offrir incohérence, par un ordre nouveau des matières, et par des notes ou explications courtes, mais d'une facile intelligence, on le voit réparer ces nombreuses négligences et les anciennes omissions. Ensuite, à travers les siècles, suivant la lente et pénible marche du droit et ses fréquentes altérations depuis la loi des douze tables jusqu'au-delà de la première publication du Digeste, avec quel talent POTHIER ne prépare-t-il pas la liaison de ce code avec les plus anciennes lois, et ne dévoile-t-il pas son analogie avec toutes celles publiées après le règne de Constantin; enfin ne termine-t-il pas cet ouvrage par un titre aussi long que savant, qui seul suffirait pour fixer sa réputation, qui met en évidence toute la clarté de son esprit, la précision de son jugement et la connaissance la plus entière, la plus consommée de tout l'ensemble de la législation. Comme en effet dans un même cadre s'y trouvent réunis les principes fondamentaux jusque-là épars, les conséquences tirées par les jurisconsultes romains, l'explication juste des mots dans lesquels furent autrefois rédigées les lois, et l'intégrité de tous les sens qu'elles présentent. Enfin ce travail est si vaste, que douze ans suffisent à peine à POTHIER, pour à sa perfection conduire la savante et immense rédaction des Pandectes, qui, chassant les ténèbres, rétablit l'ordre dans les matières législatives qu'enveloppaient le chaos et la confusion, qui crée la certitude partout où le doute suspendait les opinions; ouvrage précieux et inépuisable, dépôt d'une étonnante et lumineuse justesse de jugement et de la plus profonde science des lois; enfin ouvrage long-temps désiré, et devant lequel avaient reculé jusqu'à lui la patience et les méditations des plus habiles jurisconsultes des siècles précédens.

Sans doute, dans une si longue entreprise qui exigeait des recherches infinies, la sèche et fastidieuse lecture d'un nombre prodigieux d'écrits, une mémoire vaste et locale, une méthodique classification dans les idées, surtout un jugement sain et pénétrant et l'amour du bien public soutinrent POTHIER. Mais quelle nouvelle énergie dut prendre sa passion pour l'étude, quand le magistrat peut-être le plus distingué de son temps, plus grand par ses lumières que par son éminente dignité, aussi célèbre par l'élévation de ses pensées que par celle de son éloquence, enfin cet homme immortel, dont les talens n'en ont peut-être trouvé aucuns qui au barreau leur soient comparables; suspend ses nombreuses et importantes occupations, lorsqu'il descend pour ainsi dire les degrés du trône de son roi, pour admirer et encourager une entreprise que même son vaste génie embrasse avec peine, mais qui par les infatigables soins et sous la savante plume de POTHIER marche rapidement à sa perfection.

Que tu es grand, profond et éloquent Daguesseau, toi, qui pour ton roi et la France eût voulu doubler les heures de ta vie, toi, pour qui, dans les honneurs qui t'accompagnaient ne furent jamais confondus les imprescriptibles droits du mérite avec ceux passagers de ta place; toi, qui as tenu si long-temps le barreau dans la dépendance de ta science, que tu es grand, dis-je, quand dépouillant un moment toute la majesté de tes lumières et de ta dignité, tu daignes reposer un attentif et protecteur regard sur les travaux de POTHIER! Tu n'as point assez de l'immensité de ta propre gloire, tu ambitionnes encore de partager la sienne, alors que tu associes tes méditations, tes connaissances, tes conseils à ses savantes recherches; alors que tu imprimes le cachet de ta haute érudition sur son ouvrage. pour, de concert avec POTHIER, le retoucher et l'élever à son dernier degré de perfection! Quel majestueux spectacle, que celui que présentent au monde deux grands hommes, confondant, mariant leurs lumières, l'infaillibilité de leur raisonnement, la pénétration de leur esprit, et marchant de front en présence de leur siècle, à l'immortalité!

Puis-je passer sous silence, vénérable Daguesseau, l'imposante leçon que tu donnes aux grands de la terre, quand, à la vue du modeste POTHIER, qui avec peine se rend à tes honorables et pressantes sollicitations, tu t'avances avec respect vers lui, tu oublies ton rang et ta dignité, tu inclines ton front ceint d'honneur devant ce jurisconsulte déjà si célèbre, quand l'appelant auprès de toi, et l'accueillant avec une spéciale distinction, tu veux en conférant avec lui deviner sa future gloire, le connaître tout entier, le fixer pour ainsi dire de ta propre main, et d'avance, à la place où le portera la posterité. Quel puissant encouragement pour les hommes livrés à l'étude, lorsque dans sa personne, en présence de la France entière, tu rends un éclatant hommage aux talens et à la science, trop souvent opprimés par les dédains de l'orgueilleuse grandeur ou de l'ignorante opulence.

Ah! qu'il est beau de voir POTHIER, quoique distingué par l'immortel Daguesseau, n'échapper jamais à son habituelle modestie, supporter à peine des éloges qu'il redoute, et qui, malgré leur justice, pour lui n'ont aucun prix, et enfin de la bouche même du chef de la magistrature recevoir humblement l'assurance d'une place qui doit de nouveau mettre à contribution ses talens, et qui dans des leçons publiques et dans un solennel enseignement exposera au grand jour toute l'étendue de sa science. Heureux siècle, beaux jours de la France! l'étude alors était un titre assuré à la publique considération et à la protection du monarque; alors la plus solide gloire était celle, que, par une domination conquise par ses talens, l'homme acquiert et obtient des autres mortels.

Que de nouvelles et imposantes obligations dès lors contracte POTHIER par l'acceptation presque forcée de si attachantes fonctions ! en vain cette place ravit-elle un temps considérable à ses premiers travaux, il n'en termine pas moins en peu de temps son important Traité des Obligations, livre classique qu'il composa avec une préférence marquée, avec une particulière attention qui se remarque et se reconnaît facilement, ouvrage où il s'est montré si supérieur à Dumoulins, sinon par la profondeur des connaissances, au moins par une clarté soutenue, par une rare précision dans les explications qu'il y a ajoutées, et qui attestant la force comme la solidité de son jugement et de son esprit, le font triompher des sentimens des anciens auteurs. En un mot, ne peut-on pas avec vérité assurer que par cet utile et savant Traité il confirma ses droits à l'immortalité et à la reconnaissance nationale. Le cachet de la science et du talent n'y a-t-il pas une empreinte plus réelle, plus vigoureuse que même dans la rédaction des Pandectes ?

Bientôt l'attachement naturel de POTHIER pour la jeunesse prolonge pour lui les heures, et arrête la rapide course du temps. En effet, chaque année se poursuit l'exécution du plan qu'il avait arrêté ; et malgré le cours suivi de ses leçons, malgré ses journaliers travaux de magistrat, chaque année voit paraître un nouveau traité sur quelques parties du droit. C'est surtout dans quelques-uns de ces traités, qu'il s'est plu à manifester toute la rigidité de ses principes, et de la plus saine morale. Plus ses devoirs augmentent, plus redouble son ardeur. POTHIER, en effet, peut-il jamais se montrer au-dessous de ce qu'exigent de lui ses diverses fonctions? Alors, pour l'illustration du barreau, créer ou cultiver une nombreuse pépinière de jeunes gens amis de l'étude ; porter dans leur esprit le flambeau de la vérité et de la raison, devant eux avec patience débrouiller le chaos des lois, répandre à dessein une sorte de charme sur cette aride étude, et par là enchaîner, s'il se peut, toute l'attention de la jeunesse, telle est la noble fin de ses désirs, tel est le but de ses travaux publics. C'est ainsi qu'aux solitaires occupations du cabinet il associe l'importante et difficile connaissance de l'esprit des jeunes gens, pour les diriger vers les hautes fonctions auxquelles ils les juge appelés. C'est pour ce grand homme, pour ce vrai citoyen, une de ses plus précieuses jouissances, parce qu'il aime à se persuader que, par la voix du chef suprême de la magistrature, son Roi et la patrie lui ont manifesté leurs impérieuses volontés.

Mais un si vaste et si fécond esprit, qui dès longtemps a parcouru les routes de la législation, qui tant de fois a pris un vol si sublime, pourra-t-il jamais se placer au niveau de la jeunesse? Pourra-t-il, de si haut, sur elle faire descendre quelques rayons de cette éclatante lumière qui le conduit dans la carrière de la science? En effet, pour être couronné de quelques succès, ne lui faut-il pas pour ainsi dire s'oublier soi-même, voiler ses connaissances par une patience à instruire, que ne permet, que ne connaît guère la prééminence des talens? Ne faut-il pas constamment, ou au moins souvent se traîner sur la même route; ne faut-il pas dans ses enseignemens que POTHIER s'abaisse jusqu'aux prémices des principes dont il connut et mesura toute l'élévation? Ne faut-il pas incessamment réveiller l'attention assoupie par des explications réitérées, les assujétir à une méthode uniforme et précise, à tout instant soumettre l'écolier à des reponses qui garantissent et prouvent qu'il a saisi tout l'ensemble de la question proposée? Comment enfin POTHIER, ce savant si profond, dans un cercle aussi étroit, ramènera-t-il les puissantes facultés de son esprit accoutumé à un grand essor et planant assidument dans l'immensité.

Mais, sur le savant, est-il donc un plus vainqueur pouvoir que le consolant et honorable espoir de la publique utilité? Aussi dans ces jeunes cœurs allumer le noble feu de l'émulation, par là agrandir leurs naissantes dispositions, multiplier et enhardir leurs talens, convertir l'annuel examen sur le droit français en une solennelle et publique thèse sur toutes les matières discutées, mettre, pour ainsi dire, les jeunes gens en présence, les animer entr'eux au combat, exalter leur valeur morale, leur faire entrevoir les moyens d'attaque et de défense, promettre et décerner enfin au vainqueur d'honorables et publiques récompenses; tels sont les grands moyens d'émulation qu'auprès de cette studieuse jeunesse qui se presse autour de lui pour l'entendre et s'instruire, adopte et avec constance emploie le savant POTHIER. Bientôt chacun brûle d'entrer en lice. Si à la victoire, à la palme du triomphe chacun aspire, chacun aussi est-il jaloux de la mériter. L'ardeur devient égale dans celui qui interroge comme dans celui qui est interrogé.

Mais afin que le triomphe soit glorieux, POTHIER veut qu'il soit noble et dignement obtenu, et non la récompense d'une astucieuse surprise ou de quelque piége tendu à l'adversaire dans une question insidieuse ou trop compliquée.

Je vous en atteste, vous, Magistrats français, qui dans vos jeunes ans eûtes le bonheur d'entendre ce grand homme et de participer à ses enseignemens; jamais sur l'esprit de la jeunesse la science eût-elle plus d'empire, que lorsqu'elle découlait de la bouche de POTHIER, toujours en vous instruisant plutôt votre ami que votre maître. Pour hâter vos progrès auxquels il mettait un indicible prix, combien de fois à ses leçons publiques ajouta-t-il, dans le silence du cabinet, des conférences particulières; combien de fois sacrifia-t-il pour vous instruire, un temps qui lui était si précieux! N'est-ce pas là que par des lumineux développemens, par des discussions approfondies, aux vrais principes de justice ramenant votre esprit quelquefois errant, il levait vos doutes et fixait votre indécision? Dites avec quelle affabilité répondant à vos objections, il vous tendait pour ainsi dire une main tutélaire, pour soutenir dans sa nouvelle carrière et encourager votre jeunesse? Dites enfin comment tout à-la-fois jurisconsulte profond, maître patient et prodigue de sa science, il savait surtout la dispenser généreusement à ceux d'entre vous que distinguait une plus éminente passion pour l'étude des lois.

Je vous en atteste aussi, vous, Magistrats et Jurisconsultes étrangers, vous qui brûlant du noble amour de l'étude avez souvent à la France donné un si bel exemple, en sacrifiant momentanément et votre patrie et ce que vous aviez de plus cher, au désir de contempler et surtout d'entendre le célèbre POTHIER, déjà dans vos climats présenté par la renommée à la publique vénération. Combien de fois les oracles qu'il proférait ne vous ont-ils pas attirés, ne vous ont-ils pas retenus sous ces vénérables voûtes qu'on ne parcourt qu'avec un religieux saisissement! et où semble encore habiter l'ombre illustre de POTHIER! à quelle hauteur de pénétration, de raisonnement, ne le vîtes-vous pas s'élever dans ces savantes leçons que vous recueilliez avec avidité et qu'il jetait dans vos esprits comme un germe fécond pour le futur bonheur de votre pays. Combien de fois saisis d'admiration, dans un respectueux silence, n'avez-vous pas suivi en pompeux cortége les pas de cet immortel jurisconsulte, qui ne vous quittait et ne rentrait dans sa solitude que pour préparer les enseignemens du jour qui suit, ou pour ressaisir cette plume si féconde qui ne voulait point de repos. Combien enfin d'entre vous, sortis de son école et héritiers d'une portion de sa science, ont étonné l'Allemagne par leurs grandes lumières dans la jurisprudence, par la rectitude de leurs principes, par la sagesse de leur esprit, par leurs connaissances étendues, qui dans votre pays même ont opéré et accéléré la régénération du barreau! Enfin toujours l'immortel POTHIER, pour vous comme pour les Français, ne fut-il pas égal et impartial dispensateur de son immense savoir, parce que la science qui aime à se répandre et à se communiquer, ne connaît que les hommes et repousse toute injuste distinction de contrées et de nations?

C'est ainsi qu'au milieu d'utiles et assidus travaux, s'écoule la glorieuse et la trop courte vie du modeste Pothier. Toutes ses heures, tous ses instans, jusqu'à ses veilles, sont promis et appartiennent à la France et à l'Europe. Aussi toujours remplit-il et surpasse-t-il même et ses promesses et les espérances de la patrie. Le vit-on jamais inférieur à lui-même et à ses brillantes destinées ? Magistrat intègre et éclairé, jurisconsulte profond et maîtrisant son siècle par ses décisions, professeur distingué et rare par la constante et l'admirable méthode de ses leçons ; toujours modeste, quoique supérieur à tous, quoique le premier jurisconsulte de son siècle, telle est la réunion des grandes qualités que comme homme public posséda Pothier au plus éminent dégré. Enfin, son nom seul offre la vaste idée de la science la plus accomplie dans la législation. Aussi obtint-il plus qu'aucun cet empire qu'entre les mains de l'homme savant mettent les talens, puisque, de son vivant même, ses opinions eurent la prépondérance et la force des lois. Donc, à nous comme à la postérité, Pothier se présente couronné d'une impérissable gloire, parce qu'un éminent mérite, ignoré de celui qui en est doué, et la publique vénération, sont inséparables, parce que nul plus que lui n'en fut digne par ses supérieures connaissances, par tant d'inappréciables services rendus dans la science de la législation à la France et à l'Europe, et par ses savans et nombreux commentaires sur les diverses parties de la jurisprudence ; ouvrages qui toujours et partout l'arracheront à l'oubli qui dans le tombeau couvre le commun des mortels. Mais si sa vie publique aux nations civilisées commande une constante et unanime reconnaissance, sa vie privée n'offre-t-elle pas aussi un modèle accompli de toutes les religieuses et humaines vertus ?

SECONDE PARTIE.

Si la carrière publique de POTHIER se présente aux générations dans toute la majesté dont l'a revêtue la plus sublime science, combien sa vie privée lui donne-t-elle d'imprescriptibles titres à notre particulière vénération ! car un grand homme consacre tous ses instans et ses moindres actions. Tout en lui n'est-il pas ou exemple, ou sujet d'admiration ? Ne le juge-t-on pas toujours grand, toujours l'honneur de son siècle ? Enfin toujours en lui l'homme à nos yeux disparaît et s'évanouit ; et on ne voit, on ne vénère que le mémorable présent que le ciel, en le plaçant sur la terre, a fait aux humains.

POTHIER, savant modeste, sage et religieux ; quelle nouvelle et inépuisable source d'éloges ? en même temps quels exemples la science reçoit par ce grand homme ! exemples d'autant plus précieux que ces qualités avec la sublimité des talens ne se rencontrent que rarement. En effet, l'amour-propre, par ses séducteurs prestiges, l'adulation, par ses perfides caresses, trop souvent dans le cœur humain aux attraits d'une célébrité quelquefois juste n'ajoute-t-elle pas l'illusion d'une idéale et factice célébrité, fantôme trompeur qui souvent se joue même du savant dans un âge mûr, qui l'abuse et toujours paralyse le développement de ses talens. Par de premiers et légers succès obtenus, se juge-t-il digne de plus grands encore : alors il accuse son siècle d'injustice, s'il échappe à de plus réels, à de plus brillans triomphes. Un passager rayon de gloire s'est-il arrêté sur lui, dans l'avenir il se voit couronné d'une immortelle auréole. Telles sont malheureusement quelquefois les délirantes rêveries du talent ; mais toujours se montrent-elles ainsi la suite et les fidèles compagnes de la médiocrité. Car non-seulement elle cherche autour d'elle une gloire que ne veut jamais trouver la vraie science qu'en elle-même et dans son propre fonds, mais, pour y parvenir, elle se fatigue encore incessamment à jeter devant les publics regards une petite et éphémère réputation.

Quel immense intervalle entre ces hommes si petits et le célèbre POTHIER, dont chaque jour agrandit la gloire non mendiée, et affermit la juste renommée. En vain la France s'énorgueillissait-elle de lui avoir donné le jour, et de le compter au rang de ses plus illustres enfans ; en vain le jaloux étranger lui dressait-il de son vivant de publics autels ; en vain la renommée, dans l'Europe entière, portait-elle son nom et ses talens, POTHIER reste comme loin de lui-même, et comme étranger à sa célébrité ; son cœur se montre inaccessible à la puissante domination de la gloire. A peine même en connaît-il le nom, bien loin d'en sentir le magique pouvoir. Sa grande ame ne voulait que d'immenses obligations à remplir, que de laborieuses et utiles études qui puissent l'envahir toute entière. Elle ne concevait de nobles pensées que celles qui doivent contribuer au bonheur ou à l'instruction des mortels ; et POTHIER ne connaissait, il ne voulait pour seule récompense que le succès de ses travaux. Indifférent sur le jugement de son siècle, plus encore sur celui de la postérité, un mortel qui s'élève au niveau de son devoir et des fonctions qu'il remplit, lui semblait n'avoir jamais de droits à aucune illustration, ni à aucun public souvenir. Aussi la plus légère louange lui était-elle insupportable; aussi, pour POTHIER, était-elle sans attaits comme sans puissance. Souvent même la regardait-il comme une insulte; et une involontaire et subite émotion dans ses traits disait combien elle le fatigue, et avec quelle sincérité il la repousse. Enfin une habituelle timidité et une véritable modestie étaient tellement inhérentes à son caractère, qu'une sorte de défaveur presque toujours l'accompagnait dans la société de ceux qui ne le voyaient que passagèrement, ou qui ne savaient pas le deviner.

A cette modestie, qui voilait à ses yeux toutes les qualités auxquelles déjà rendait hommage le général suffrage, toujours juste dans ce grand homme, se joignait une indulgence soutenue à l'égard des autres. Si POTHIER n'exigeait pas la plus légère déférence, ni le moindre devoir à son égard, c'est qu'il méconnaissait l'indicible prééminence qui le plaçait si haut au-dessus des autres. Par principe et par caractère, étranger à toute dissimulation, la franchise reposait sur ses lèvres, parce qu'en souveraine elle régnait dans son cœur. S'il négligeait ces égards apprêtés, presque toujours enfans d'une politique sociale et de convention, c'est que son esprit ne pouvait ni se renfermer ni se traîner dans un cercle étroit de fades et monotones usages,

Mais une constante affabilité, une parfaite et invariable égalité d'humeur le caractérisaient, et jamais en lui elles n'éprouvaient aucune altération. La nature aussi sur son extérieur et sur tous ses traits s'était plu à répandre le charme de cette simple, modeste et patriarchale bonté, qui rapprochant le savant du commun des hommes, par un accueil toujours facile semble combler l'immense intervalle qui les sépare de lui; sincère et simple bonté, qui voile cette sorte de supériorité et de domination, que, sans la briguer, et même en l'ignorant, obtient toujours le vrai mérite, et que personne ne veut lui contester.

Semblable à ces infatigables et audacieux habitans des airs, qui, après une longue course dans l'immensité des cieux, quelques instans s'abaissent sur la terre pour y prendre du repos, dans des communications momentanées avec la société, dans de rapides et courts entretiens avec ses amis, on voyait POTHIER chercher des jouissances réparatrices de ses travaux, et d'innocens délassemens qui, en tempérant les fatigues morales attachées à une longue application, pussent régénérer son esprit échappant à lui-même. A sa conversation toujours facile, toujours intéressante, s'associaient alors les habituels épanchemens d'une gaîté franche autant que réservée. La sécurité répandue sur son front, alors comme en tout temps, disait la paix de son ame, don précieux par le ciel offert pour récompense à l'homme de bien, mais qu'il refuse au malheureux esclave du plaisir ou des tumultueuses passions.

Quelqu'un devant lui avec chaleur défendait-il

son opinion, il aimait surtout à être témoin de ces discussions vives et prolongées. Cette sorte de combat moral pour lui avait un charme secret, et d'autant plus grand que la victoire était plus longtemps douteuse, et aussi parce que l'indécision de l'esprit et une flottante mobilité dans les résolutions toujours lui parurent une des plus grandes faiblesses de l'ame et une déplorable dégradation de la majesté de l'homme. Aussi par suite de ce sentiment soutenait-il avec véhémence son avis; toujours l'appuyant de toute la force du raisonnement, il le faisait même valoir avec une abondante énergie, mais que cependant il savait toujours tempérer par une constante urbanité. Les paroles dans ces momens arrivaient trop difficilement sur ses lèvres, et par leur essor trop lent elles semblaient arrêter ses idées; mais son regard vif et animé y suppléait et trahissait bientôt l'étonnante activité de son esprit. Loin de lui cependant l'orgueilleux désir de prévaloir et de dominer, jamais il n'en eut la déshonorante pensée. Mais s'il tenait à son opinion, s'il la discutait avec fermeté, et presque je dirai même avec opiniâtreté, c'est qu'il la croyait vraie, c'est qu'il en était persuadé, et que rapidement il cédait alors à la rectitude si active et si entraînante de son jugement.

Mais pourquoi si long-temps m'arrêter sur les moins précieuses qualités de POTHIER? combien s'obscurcit leur frêle éclat auprès des éblouissans rayons d'une plus majestueuse gloire, conquise par des titres bien plus réels, bien plus solides, et qui sont son exclusive propriété. Quel bien plus imposant tableau à nos yeux se déroule, quand dans toute leur céleste pompe nous contemplons ses morales et religieuses vertus! Si avec orgueil, avec admiration, j'ai observé l'immensité de son esprit, et l'étonnante et presque plus qu'humaine pénétration de son jugement, combien il m'est plus doux de descendre dans son cœur, d'en parcourir avec complaisance tous les replis, ou plutôt de jeter un respectueux regard dans ce sanctuaire, touchant et vénérable asile de ces hautes vertus que crée ou que corrobore la Religion, qui toujours d'elle reçoivent un auguste et sacré caractère, et qui ainsi consacrent notre faible mortalité!

Ah! que ne m'a-t-il été donné de connaître ce grand homme, dans un âge où ma raison eût pu mesurer toute sa hauteur, juger tout son esprit, et surtout apprécier tout son cœur. Je le peindrais chaque jour devançant l'aurore, dérobant ainsi sa piété aux observateurs et aux curieux regards, ou à la profane ironie, et avec recueillement venant dans cette antique et majestueuse basilique qu'a bâtie la religion du meilleur de nos rois. Mon fidèle pinceau aimerait à représenter le modeste POTHIER, bien avant le jour, humilié, anéanti en présence de Dieu, auteur des sciences, seul souverain dispensateur des talens. On le verrait lui adresser ses ferventes prières, comme à son maître et à son bienfaiteur, et par une religieuse habitude lui consacrer la première heure d'une journée, qu'après de fatigantes et longues études termineront encore d'autres vœux et de pieuses et ferventes supplications, vénérables tributs par lui offerts à la divinité.

Citoyens ses contemporains, vous, qui si souvent le

vîtes à l'écart dans cette grande basilique, et dans un religieux recueillement, prosterné devant Dieu, dites, si dans ces instans POTHIER élevé au-dessus des choses terrestres, ne jugeant plus que leur fragilité et leur néant, n'eût pas été cru s'entretenir avec le Très-Haut, comme un ami avec son ami? Dites de quelle céleste volupté il semblait enivré dans ces ineffables rapports avec le ciel accordés à l'homme vertueux? Dites avec quelle ardeur, dans l'épanchement de son ame, il offrait au ciel l'hymne sacré de la reconnaissance pour les dons dont il était comblé; et aussi avec quelle sollicitude il lui demandait encore sans doute le complément des talens qu'exigeaient la magistrature et l'instruction de la jeunesse, et que sa modestie était loin de croire qu'il possédait? Dites enfin avec quelle humilité ce mortel si grand aux yeux des autres, et resque divinisé sur la terre par la célébrité qui l'accompagne, abaissait son front jusque dans la poussière devant le premier des êtres, qu'il savait ne connaître de distinctions que celles qu'établit la vertu? Combien, sage et humble POTHIER, étaient ardentes et sincères tes prières, de toi, dont l'esprit pénétrant et réfléchi eût dû, s'il était permis à un fragile mortel, saisir et embrasser l'immense et souveraine perfection de l'éternel! Mais aussi avec quelle faveur sans doute tes vœux étaient accueillis du Très-Haut, étant présentés et vers lui portés par un cœur aussi pur que le tien! Quelle puissante leçon, par ta journalière et assidue présence dans le temple et aux pieds des autels, vertueux POTHIER, mortel si savant, si éclairé, tu donnais aussi à cette naissante et si orgueilleuse philosophie, dans les mains de laquelle flottait déjà l'étendard désorganisateur de l'audacieuse incrédulité !

Si nous descendons ensuite dans son modeste asile, en vain y chercherons-nous ces rares chefs-d'œuvre d'une mobile industrie, et le pompeux étalage du luxe et de frivoles superfluités. Mais admirable et constante uniformité d'une régulière vie, rigoureux emploi du temps, ardente passion pour obliger, jouissance toujours renaissante en donnant des conseils et en réglant des contestations, indifférence et même mépris pour les richesses, scrupuleuse économie dans les dépenses, assidue miséricorde envers le pauvre, prodigalité journalière surtout pour l'indigence secrète et ignorée ; tels sont les touchans tableaux que dans la maison de POTHIER chaque jour voyait se renouveler et se succéder. Rien enfin n'y attirait, rien n'y fixait les regards, que ce grand homme, ses hautes vertus et ses nombreux bienfaits.

Amour du plaisir, idole de la jeunesse, dévorante soif des richesses, ambition tyrannique et jamais satisfaite des humaines grandeurs, vous toutes enfin, tumultueuses passions, supplice et déshonneur des mortels, dans ses jeunes ans comme dans un âge plus avancé, vous avez constamment respecté le vertueux POTHIER. Quelle victoire eussent donc pu espérer vos imposteurs attraits sur le cœur de ce grand homme inaccessible à tous ces mobiles désirs dont la délirante exaltation, même dans les autres, fut pour lui un continuel sujet d'effroi ? Si toujours contre lui-même il fut sans armes et sans défense, c'est que ja-

4..

mais contre lui-même il n'eût de combats à soutenir. Aussi n'en tirait-il aucune gloire, parce qu'à dessein sans doute la nature pour lui avait avancé la vieillesse, en lui faisant le paisible don d'une froideur morale et d'une indifférence prononcée, mais seulement pour toute espèce de dangereux ou de trop attachans plaisirs.

Aussi cet état si tranquille, si indépendant, dans lequel l'homme n'est retenu par aucun lien humain, ni par aucune puissante affection, où, isolé au milieu du monde, il jouit sans partage de toute la plénitude de lui-même, cet état libre de toute sollicitude, à POTHIER, dès sa jeunesse, parut-il l'état prévilégié, l'état par excellence, parce qu'il ne décompose point l'homme; et dès lors il l'embrassa pour toute sa vie. Guidé soit par un naturel penchant, soit par sa passion pour l'étude, jamais il ne put concevoir comment l'homme, être si élevé et si majestueux, et surtout l'homme studieux, pouvait à ses travaux ravir la plus belle portion de son temps; hors du célibat se soumettre à une dépendance de tous les jours, volontairement enchaîner ses goûts, ses inclinations, et même jusqu'à ses talens; et comment enfin il se décidait à éteindre ou au moins à atténuer toutes les facultés de son ame, dans des soins domestiques inhérens au mariage, et dans des frivoles et ambitieuses jouissances.

Loin de nous cependant l'outrageante pensée, que par la nature POTHIER eût été dépouillé de toute sensibilité, et qu'il méconnût ces douces émotions et ces touchantes impressions, qui, bien loin d'énerver le cœur de l'homme, le corroborent, l'ennoblissent, et dont jamais ne doit rougir l'homme de bien. Non sans doute, les seules qui toujours lui furent étrangères, sont celles qui tristes suites du délire des sens ou d'une vagabonde imagination, dessèchent l'ame et nous jettent dans le journalier tourbillon d'occupations créées par l'ambition et par l'intérêt, ou dans celui de dangereux et faux plaisirs.

Car qui plus que toi, vertueux POTHIER, abandonna jamais son cœur à la compassion, et à la douce sensibilité, toi, qui quoique armé du glaive de la loi, quoique juge et inexorable vengeur du crime, avais de réelles douleurs et d'involontaires larmes pour l'accusé soumis aux horribles tourmens de la question préparatoire ; toi, à qui la nature avait refusé cette froide impassibilité, nécessaire pour supporter un si déchirant spectacle, et pour sans émotion entendre les cris de la souffrance et du désespoir ; toi enfin, qui toute ta vie, au nombre des plus pénibles, des plus redoutables fonctions du magistrat, mit celle de prononcer contre son semblable un irrévocable arrêt de mort. Ah ! sans doute ta généreuse ame était émue par l'immense responsabilité qui alors pesait sur le juge, et par la crainte de porter une injuste condamnation contre un innocent, à qui l'excès de la douleur et des tourmens avait peut-être arraché une déclaration fausse et forcée d'un crime auquel il est étranger. Sans doute aussi, jurisconsulte savant et profond, la rapide pénétration de ton esprit, lisant dans l'avenir, voyait se lever l'heureuse aurore de ce glorieux jour où l'humanité éclairée d'un des meilleurs et néanmoins d'un des plus malheureux de nos rois, se couvrirait d'un immortel honneur, en détruisant pour jamais ce sanglant monument d'une ignorante et barbare législation. Combien tu aurais été heureux, vertueux et sensible POTHIER, si à l'ardeur de tes désirs il eût été accordé d'avancer et de contempler un si mémorable jour !

Mais quelle plus incontestable preuve des hautes qualités du cœur de POTHIER, que la sévère économie, qui à dessein, toute sa vie, présida à ses annuelles dépenses ! La fortune ne lui avait pas prodigué ses dons. Néanmoins son patrimoine, dont peut-être jamais son désintéressement ne lui permit de prendre une bien exacte connaissance, de beaucoup excédait ses besoins et encore plus ses désirs; mais toujours était-il au-dessous du noble usage auquel il le destinait. En effet, entendit-il jamais les soupirs du pauvre avec une froide indifférence, et sans chercher à les appaiser ? Vit-il jamais les éloquentes et déchirantes larmes d'une mère couler sur ses malheureux enfans, sans à son infortune opposer les réparatrices consolations de ses bienfaits ? Si ses habituelles privations, si sa frugalité accroissaient momentanément ses revenus, bientôt ne cherchait-il pas les moyens de les multiplier encore davantage, pour être ainsi plus généreux envers l'indigence ? S'informait-il quelquefois des ressources qui lui restaient, c'était toujours pour prévenir ou adoucir quelques souffrances mais en aucun temps par vue d'intérêt personnel : tant était nulle sa sollicitude pour lui-même.

Ah ! combien de fois l'indigent qui n'était venu à

sa porte que pour recueillir les miettes qui tombaient de sa table, le vit-il interrompre son frugal repas, pour de sa propre main le partager avec lui! Combien de fois peu inquiet pour le lendemain, mais conduit par la seule exaltation de la religion et de l'humanité, POTHIER dans le sein d'une famille au désespoir a-t-il versé la totalité des sommes qui lui restaient entre les mains! Alors plein de confiance en la Providence, comme il aimait à résister aux vives instances de ses amis, qui, avec douceur mais aussi avec admiration, se permettaient de lui reprocher son habituelle imprévoyance sur ses besoins journaliers! Quelle sublimité de vertu et de désintéressement! quel héroïsme chrétien!

S'il m'était donné d'évoquer les morts; que d'infortunés dont les malheurs ne furent connus que de lui seul, à ma voix secoueraient l'obscure poussière de leurs tombeaux et briseraient les silencieuses portes de leur dernier asile, pour venir aujourd'hui à l'auguste vérité rendre un prompt, un éclatant témoignage! Que leurs unanimes actions de grâces consacreraient la mémoire de POTHIER bien plus dignement et plus solennellement que tous nos éloges! En effet, à quelle obscure et solitaire indigence surtout refusat-il jamais ses assistances? Quels pauvres découverts par ses recherches n'éprouvèrent pas assidûment les consolateurs effets de sa miséricorde? A qui d'entr'eux par de pressantes sollicitations ne procurait-il même pas souvent d'autres soulagemens plus puissans que ceux que lui permettait sa fortune? Combien de langueurs inconnues n'a-t-il pas en secret adouci et calmé? Dans combien de réduits ignorés, des mains étrangères, à sa prière, ne portèrent-elles pas les puissans secours qu'il aimait à leur confier? Car ses aumônes découlaient principalement sur cette sorte d'indigence, qui est en effet la plus vraie comme la plus touchante. Non-seulement était-elle le plus constant objet de ses généreuses sollicitudes; mais même pour elle il conservait une sorte de vénération. Aussi son plus grand soin fut-il toujours de lui épargner l'embarras et l'humiliation de la reconnaissance, souvent plus pénible que l'acceptation même du bienfait.

Puis-je taire aussi le nombre de ces malheureux orphelins, qui tant de fois en lui trouvèrent un protecteur, ou plutôt un tendre père! Quelle affection ne portait-il pas à ces enfans de douleur, isolés sur la terre, dénués d'appui, qui jamais ne connurent ni les paternelles caresses, ni les larmes d'une mère? Combien encore de nos jours et sous nos yeux, à sa bienfaisance, à l'éducation qu'il leur a donnée, aux talens, et à l'industrie que sa générosité créa en eux, doivent les heureux jours que maintenant embellit une honnête opulence? Que de bénédictions, que d'épanchemens de cœur, que de tributs de reconnaissance ils offrent sans doute à chaque instant, à la mémoire par eux vénérée de cet homme de bien?

Mais c'est surtout aux temps des grandes calamités, au milieu des publics désastres, que dans l'excès et le spectacle des maux, puisant plus d'énergie, l'humanité de POTHIER aimait à se répandre sans mesure sur les infortunes. Vous rappellerai-je cette année si lamentable, pendant laquelle les opiniâtres rigueurs de l'hiver condensant les eaux de la Loire, les frappèrent d'une effrayante immobilité ? Vous peindrai-je ensuite ce fleuve avec de bruyans efforts s'élançant à travers les flancs entr'ouverts et amollis de ces montagnes de glace, qui le pressaient de leurs énormes poids, et couvrant en un instant ses rivages effrayés des nombreux débris et des éclats des maisons flottantes, que sur leur route frappaient avec violence ces masses se grouppant les unes sur les autres ? Représentons-nous, s'il est possible, l'opulente plage qui longe au loin ce fleuve envahie par les eaux, transformée tout-à-coup en un épouvantable chaos, en un affreux théâtre de dévastation et d'horreur ; et les flots écumans, dans leur fureur, vers les gouffres de l'Océan entraînant des hommes, des bestiaux, des arbres déracinés, des cabanes à demi détruites, des meubles brisés et enfin devant eux roulant tout ce qui leur présente un obstacle, ou ce qui oppose une résistance à leur fougueuse impétuosité.

Vous dirai-je comment à une autre époque ces tumultueuses ondes, franchissant leurs digues, couvrirent au loin la plaine d'un sable stérile ; comment elles ravagèrent les vallons, dispersèrent, détruisirent les naissantes récoltes, et ruinèrent l'espoir de l'agriculteur ? Ah, c'était dans ces désastreux momens que le sensible cœur de POTHIER, s'agrandissant pour ainsi dire, à découvert montrait toute sa généreuse commisération. Toujours ces maux publics, sujets pour lui d'une amère et juste douleur, en même temps pour son ame furent une source d'ineffables jouissances, en le rendant prodigue même au-dessus de ses facultés. Ces scènes de désolation, nous ne le savons que trop, plusieurs fois se renouvellèrent pendant le cours de sa bienfaisante vie ; et toujours son cœur humain et généreux ne connut point de rival en assistance à l'égard du malheur.

Combien de personnes, tristes témoins de ces calamités, nous peuvent encore attester l'abondance des secours qu'alors il aimait à offrir, le nombre des matelots sans ressource dont il a séché les larmes, les familles dont il voulut par ses assistances diminuer ou réparer les pertes, et surtout cette consolante affabilité qui voilait ses bienfaits et qui leur donnait un nouveau prix. Qui enfin ignore les fréquens emprunts auxquels même, dans ces lamentables instans, malgré sa répugnance, il se décida, pour ne pas être placé dans la cruelle obligation de refuser les prompts et extraordinaire soulagemens, qu'appelait la rigueur de si douloureuses circonstances.

Telle fut la vie publique et privée de l'immortel POTHIER. Quel plus vrai, plus touchant éloge de l'utile et glorieuse carrière de ce grand homme, que le fidèle tableau et le simple récit de ses actions ! Mais tant de religieuses et humaines vertus, tant de talens, tant de science, n'étaient renfermés que dans un vase d'argile. La foudre le frappe, elle le renverse ; et déjà le célèbre POTHIER n'existe plus. La Religion, la magistrature, l'humanité lui donnent des larmes, mais de stériles larmes et d'impuissans regrets. En un instant il ne nous reste plus de ce grand homme, de cet homme de bien, de ce savant si célèbre, que ses beaux exemples, que ces doctes et immortels enseignemens, et une froide et insensible poussière.

Un demi-siècle s'est écoulé depuis que sa patrie et toute la France à notre sort commun ont vu céder POTHIER, ce citoyen de tous les pays et de toutes les nations. Pourquoi faut-il que sous ces lugubres voûtes, antique empire de la mort, dernière demeure de tant de générations, l'étranger, où le Français voyageur, vienne en vain tous les jours tristement chercher et demander le lieu où reposent de si illustres cendres? Qui le croira? cette faible consolation à une si vénérable affliction ne lui est pas même accordée. Quoi! sa perte, son irréparable perte, d'un crêpe funèbre couvrit l'Europe entière, et aujourd'hui elle semble fuir même la pensée et le souvenir de sa patrie! Quoi la renommée, de son vivant, le porta à l'immortalité, et la génération née sur le sol qui lui donna le jour est presque étrangère à sa célébrité; et d'un pied indifférent, ou sans le savoir, elle foule les vénérables cendres de ce savant, de cet homme vertueux! L'homme le plus éminent par son jugement, par sa science en législation, le plus grand des mortels dont puisse s'enorgueillir sa patrie, POTHIER enfin, fut-il donc, à l'égal du plus obscur citoyen, fut-il condamné à n'être pleuré par elle qu'un instant? Se peut-il aussi qu'aucune consécration nationale à POTHIER jusqu'ici n'ait pas même rendu le fantôme de la vie, pour l'adoucissement des publiques et générales douleurs?

O toi qui fus sa patrie, borneras-tu donc le témoignage public de ta reconnaissance à celui si honorable que tu t'empressas à la vérité de lui donner de son vivant, en l'appelant à l'administration municipale, et en déposant ainsi dans de si dignes mains les intérêts généraux de tous ses concitoyens?

Pourras-tu plus long-temps, dans un apparent oubli, laisser encore ensevelie la mémoire du citoyen dont tu partages l'immortalité? Pour le rappeler au souvenir des mortels, tel qu'il se montra à eux, il faudrait peut-être un talent aussi élevé que le sien, du moins faudrait-il toujours la plus noble, la plus sublime conception? Mais qu'une juste, qu'une réelle gratitude t'inspire, cité fameuse qui lui donna le jour, et tu ne resteras point, j'aime à le croire, au-dessous de la dignité que, dans un honorable monument, réclament de toi la gloire de POTHIER et ta propre illustration. Ce juste monument, le siècle présent te le commande; et même déjà de toi la postérité semble l'attendre. Que le marbre ou le bronze par tes ordres s'anime; et que sous une main habile par le génie guidée, à nos yeux bientôt se retracent les traits vénérés d'un citoyen, l'honneur de son pays et le législateur de la France. A l'ombre sacrée de la modestie POTHIER cacha le trésor de ses vertus et de ses hautes connaissances; s'il monta au sommet de la gloire, n'y parvint-il pas autant par les nobles qualités de son cœur que porté sur les ailes de la science?

Hâte-toi, par un pompeux et durable témoignage de reconnaissance, hâte toi de faire au loin connaître cette sublime réunion de tant de rares qualités dans un fragile mortel. Hâte-toi de rappeler à la France que la vertu et la science seules créent la solide gloire, et qu'à ce titre POTHIER surtout, plus qu'aucun autre savant vertueux, appartient particulièrement à la nation française. Par le tribut tardif à la vérité, mais toujours honorable, de solennelles douleurs, hâte-toi d'acquitter enfin la dette sacrée que dès long-temps aux yeux de l'Europe tu as contractée à l'égard de ce si recommandable citoyen. Qu'aussi le barreau français, que le corps entier de la magistrature, se fassent une gloire de s'associer noblement aux publics et justes hommages. Tous de concert, décernez enfin à POTHIER un mémorable culte de respects, de vénérations nationales. Ce culte sera pour vous bien plus honorable qu'il n'est nécessaire à la réputation et à la célébrité de POTHIER, parce qu'elles échappent aux éloges et à l'encens des mortels. Puissé-je, c'est mon plus vif désir, voir ma patrie consacrer enfin solennellement les talens, prouver à l'univers qu'elle sait les apprécier, et à ses impérissables, à ses si beaux, à ses si nombreux titres de gloire, ajouter celui si noble, si durable d'une publique et majestueuse gratitude envers POTHIER, le plus grand homme qu'elle ait présenté à la France.

C.-G.